Boas-vindas à Filosofia

Boas-vindas à Filosofia

Marilena Chaui

FILOSOFIAS: O PRAZER DO PENSAR
Coleção dirigida por
Marilena Chaui e Juvenal Savian Filho

wmf **martinsfontes**
São Paulo 2015

Copyright © 2010, Editora WMF Martins Fontes Ltda.,
São Paulo, para a presente edição.

1ª edição *2010*
3ª tiragem *2015*

Edição de texto
Juvenal Savian Filho
Acompanhamento editorial
Helena Guimarães Bittencourt
Revisões gráficas
Letícia Braun
Andréa Stahel M. da Silva
Edição de arte
Katia Harumi Terasaka
Produção gráfica
Geraldo Alves
Paginação
Moacir Katsumi Matsusaki

Dados Internacionais de Catalogação na Publicação (CIP)
(Câmara Brasileira do Livro, SP, Brasil)

Chaui, Marilena
  Boas-vindas à Filosofia / Marilena Chaui. – São Paulo : Editora WMF Martins Fontes, 2010. – (Filosofias : o prazer do pensar / dirigida por Marilena Chaui e Juvenal Savian Filho)

  ISBN 978-85-7827-308-8

  1. Filosofia I. Savian Filho, Juvenal. II. Título. III. Série.

10-06569   CDD-100

Índices para catálogo sistemático:
1. Filosofia   100

Todos os direitos desta edição reservados à
Editora WMF Martins Fontes Ltda.
Rua Prof. Laerte Ramos de Carvalho, 133 01325-030 São Paulo SP Brasil
Tel. (11) 3293.8150 Fax (11) 3101.1042
e-mail: info@wmfmartinsfontes.com.br http://www.wmfmartinsfontes.com.br

SUMÁRIO

Apresentação • 7

1 Filosofia para quê? • 9
2 É bom entrar em crise! • 13
3 A atitude filosófica • 17
4 Perguntas fundamentais da atitude e da reflexão
   filosófica • 20
5 Definições de Filosofia • 25
6 A Filosofia é um trabalho intelectual
   sistemático • 31
7 Análise, reflexão e crítica • 34
8 O filósofo é o amigo da sabedoria • 38
9 A utilidade da Filosofia • 42

Ouvindo os textos • 45
Exercitando a reflexão • 50
Dicas de viagem • 52

APRESENTAÇÃO
Marilena Chaui e Juvenal Savian Filho

O exercício do pensamento é algo muito prazeroso, e é com essa convicção que convidamos você a viajar conosco pelas reflexões de cada um dos volumes da coleção *Filosofias: o prazer do pensar.*

Atualmente, fala-se sempre que os exercícios físicos dão muito prazer. Quando o corpo está bem treinado, ele não apenas se sente bem com os exercícios, mas tem necessidade de continuar a repeti-los sempre. Nossa experiência é a mesma com o pensamento: uma vez habituados a refletir, nossa mente tem prazer em exercitar-se e quer expandir-se sempre mais. E com a vantagem de que o pensamento não é apenas uma atividade mental, mas envolve também o corpo. É o ser humano inteiro que reflete e tem o prazer do pensamento!

Essa é a experiência que desejamos partilhar com nossos leitores. Cada um dos volumes desta coleção foi concebido para auxiliá-lo a exercitar o seu pensar. Os temas foram cuidadosamente selecionados para abordar os tópicos mais importantes da reflexão filosófica atual, sempre conectados com a história do pensamento.

Assim, a coleção destina-se tanto àqueles que desejam iniciar-se nos caminhos das diferentes filosofias como àqueles que já estão habituados a eles e querem continuar o exercício da reflexão. E falamos de "filosofias", no plural, pois não há apenas uma forma de pensamento. Pelo contrário, há um caleidoscópio de cores filosóficas muito diferentes e intensas.

Ao mesmo tempo, esses volumes são também um material rico para o uso de professores e estudantes de Filosofia, pois estão inteiramente de acordo com as orientações curriculares do Ministério da Educação para o Ensino Médio e com as expectativas dos cursos básicos de Filosofia para as faculdades brasileiras. Os autores são especialistas reconhecidos em suas áreas, criativos e perspicazes, inteiramente preparados para os objetivos dessa viagem pelo país multifacetado das filosofias.

Seja bem-vindo e boa viagem!

1. Filosofia para quê?

Conta a lenda que o primeiro filósofo, Tales de Mileto, se interessava pelo estudo das estrelas e que um dia, olhando para o céu, tropeçou numa pedra, caindo numa vala. Uma serviçal que o acompanhava exclamou: "Como pretendes, ó Tales, tu, que não consegues sequer ver o que está à tua frente, conhecer tudo sobre o céu?"

Essa historieta serviu, desde a Antiguidade, para a invenção da imagem do filósofo como alguém distraído, incapaz de prestar atenção nas coisas mais simples, mas que dedica a vida a contemplar as coisas distantes e complicadas e que, em vez de falar como todo mundo, usa uma linguagem incompreensível.

Dessa imagem nasceu também uma pergunta: "para que Filosofia?" Muito conhecida é a resposta que ela costuma receber: "A Filosofia é uma ciência com a qual e sem a qual o mundo permanece tal e qual." Ou seja, não serve para nada.

É interessante observar que ninguém dirige essa pergunta às ciências, às artes e às técnicas. No entanto, em nosso dias, essa velha pergunta não é repetida sem motivo. Vivemos numa sociedade e numa cultura que julgam necessário justificar a existência de alguma coisa dizendo qual sua utilidade prática, de modo que perguntar "para quê?" significa: "Que uso proveitoso ou vantajoso posso fazer disso?" Por essa razão não se pergunta "para que Ciência?" ou "para que as artes e as técnicas?", pois todos julgam saber qual é a serventia delas.

Exatamente por esse motivo, muitos buscam mostrar a utilidade da Filosofia indicando que ela é necessária às ciências, uma vez que estas admitem a existência da verdade, a necessidade de métodos para o conhecimento ou de procedimentos corretos para bem usar o pensamento, e, sobretudo, confiam na racionalidade dos conhecimentos, isto é, que são válidos não só porque explicam os fatos, mas também porque podem ser corrigidos e aperfeiçoados. Ora, tais ideias, como as da verdade, do pensamento racional, do conhecimento obtido por meio de métodos racionais, assim como a ideia de que há crescimento do saber graças ao acúmulo progressivo de conhecimentos, não são ideias científicas, mas, sim, filosóficas. Em outras palavras, os fundamentos teóricos das ciências não são científicos, mas filosóficos, e, sem a Filosofia, as ciências não seriam possíveis. Eis sua utilidade.

Outros, porém, afirmam que a utilidade da Filosofia não se encontra nos serviços teóricos que ela prestaria às ciências (ou seja, os fundamentos do conhecimento verdadeiro), mas nos ensinamentos morais ou éticos. A Filosofia seria a arte do bem viver ou da vida correta e virtuosa. Estudando as paixões e os vícios humanos, a liberdade e a vontade, analisando a capacidade de nossa razão para impor limites aos nossos desejos e paixões, ensinando-nos a viver de modo honesto e justo na companhia dos outros seres humanos, a Filosofia teria como finalidade ensinar-nos a virtude, que é o princípio do bem viver.

Tentemos nos aproximar da pergunta "Filosofia para quê?", sem nos voltarmos, por enquanto, aos conteúdos investigados por ela, mas examinando algumas das características constantes da atividade filosófica, seja qual for o objeto investigado ou o assunto tratado.

Apenas para falar mais um pouco de Tales de Mileto, e ver que nosso primeiro filósofo não era alguém dissociado da vida cotidiana, é interessante lembrar uma outra narrativa a seu respeito: com seus conhecimentos filosóficos e astronômicos, Tales previu, num certo ano, uma grande colheita de azeitonas. Fez suas economias e, ainda durante o inverno, comprou todos os lagares que pôde. Na época da grande colheita, Tales alugou seus lagares e fez uma pequena fortuna.

2. É bom entrar em crise!

Nossa vida cotidiana é um tecido de opiniões e de crenças que recebemos de nossa família, da escola, no trabalho, no lazer, dos meios de comunicação. Raramente procuramos comprovar a veracidade ou correção dessas crenças e opiniões: nós as aceitamos como naturais, válidas em toda parte e para toda gente. Vivemos no senso comum de nossa sociedade.

Muitos acreditam, por exemplo, que existem raças e que estas se distinguem em superiores e inferiores. Tantos outros estão convencidos de que a família, tal como a conhecemos hoje, existiu sempre e em toda parte. Acreditamos, por exemplo, que o espaço e o tempo existem, pois distinguimos as coisas próximas e as distantes, o presente, o passado e o futuro. Acreditamos ser clara a diferença entre a saúde mental e a loucura ou entre a razão e a desrazão, assim como entre estar acordado e estar sonhando. Não nos passa pela cabeça contestar a opinião de que "onde há fumaça, há fogo" ou que "quando um não quer, dois não brigam".

Ainda que tenhamos opiniões diferentes de nossos amigos e inimigos, não nos viria a ideia de duvidar de que o mundo existe tal como o percebemos e que é o mesmo para todos, de maneira que as variações de opinião são uma questão de gosto ou de preferência individual. Aprendemos que a mentira é odiosa, a verdade é um bem precioso e que fomos feitos para a liberdade, que devemos respeitar a justiça e temer a violência. Todavia, nunca perguntamos o que essas palavras querem realmente dizer, que ideias elas transmitem, por que as valorizamos. "É assim porque é assim", dizemos o mais das vezes.

Imaginemos, porém, que passamos por experiências nas quais essas certezas ficam abaladas. Experiências em que nossas opiniões começam a contradizer-se umas às outras, nossas crenças parecem tornar-se incompatíveis e já não sabemos muito bem o que pensar, o que fazer, o que sentir. "Será que as coisas são assim como eu pensava?", perguntamos a nós mesmos e aos mais próximos. Entramos em **crise**! Podemos ficar mergulhados nela ou podemos buscar meios para enfrentá-la: começamos a querer entender nossos pensamentos e sentimentos, nossas ações, as pessoas com quem convivemos, as informações que recebemos e o mundo que nos rodeia. Alguma coisa desperta em nós e se agita. Chama-se **desejo de saber**.

Alguém que tomasse a decisão de não aceitar rapidamente nem essa nem aquela opinião ou crença recebida estaria tomando distância do senso comum e de si mesmo, teria passado a indagar o que são as crenças e os sentimentos que alimentam, silenciosamente, nossa existência. Ao tomar essa distância, começaria a indagar a respeito de si mesmo para entender por que cremos no que cremos, por que sentimos o que sentimos, por que fazemos o que fazemos e o que são nossas crenças, nossos sentimentos e nossas ações. Esse alguém estaria começando a adotar o que chamamos de **atitude filosófica** ou a decisão de não aceitar como naturais, óbvias e evidentes as coisas, as ideias, os fatos, as situações, os valores de nossa existência cotidiana, nem a validade inquestionável de nossos comportamentos e dos outros. Teria tomado a decisão de jamais aceitar ideias, fatos e valores sem antes tê-los compreendido e avaliado.

Perguntaram, certa vez, a um filósofo: "Para que Filosofia?" E ele respondeu: "Para não darmos nossa aceitação imediata às coisas, sem maiores considerações."

Podemos dizer que a Filosofia aparece quando os seres humanos começam a exigir **provas e justificações racionais**, antes de aceitar ou recusar crenças e opiniões, ideias e valores, sentimentos e comportamentos, pois *racional* significa argumentado, debatido e compreendido. Além disso, uma compreensão só é racional quando, ao argumentar e debater, queremos conhecer as condições e os pressupostos de nossos pensamentos e dos outros, visto que racional significa respeitar certas regras de coerência do pensamento para que um argumento ou um debate tenham sentido, chegando a conclusões que podem ser compreendidas, discutidas, aceitas e respeitadas por outros.

3. A atitude filosófica

Podemos, assim, observar que a primeira característica da atitude filosófica é negativa: é um dizer "não" ao senso comum, a crenças, opiniões e valores recebidos na experiência cotidiana; é recusar o "é assim mesmo" e o "é o que todo mundo diz e pensa". Numa palavra, distanciar-se dos preconceitos, colocando entre parênteses nossas crenças e opiniões para indagar quais são suas causas e qual é seu sentido.

A segunda característica da atitude filosófica é positiva: é uma interrogação sobre *o que são* as coisas, as ideias, os fatos, as situações, os comportamentos, os valores, nós mesmos. É também uma interrogação sobre o *porquê* e o *como* disso tudo e de nós próprios. O que é? Por que é? Como é? Essas são as indagações fundamentais da atitude filosófica.

Se reunirmos essas duas características da atitude filosófica, deparamos com a **atitude crítica**.

De modo geral, costuma-se julgar que a palavra "crítica" significa "ser do contra", dizer que tudo vai mal, tudo está errado ou é feio ou é desagradável. "Crítica" parece significar mau humor e coisa de gente chata ou pretensiosa, que imagina saber mais e melhor que os outros. Ora, a palavra "crítica", exatamente como a palavra "crise", vem do verbo grego *krisein* e significa: 1) capacidade para julgar, discernir e decidir corretamente; 2) exame racional de todas as coisas sem preconceito ou prejulgamento; 3) atividade de examinar e avaliar detalhadamente alguma coisa (uma ideia, um valor, um costume, um comportamento, uma obra de arte ou de pensamento). São esses os sentidos da atividade filosófica como atitude crítica.

A Filosofia começa dizendo não às crenças e aos preconceitos do dia a dia para que possam ser avaliados racional e criticamente. Por isso começa dizendo que não sabemos o que imaginávamos saber. Esse foi o principal ensinamento do patrono da Filosofia, Sócrates, quando afirmou que começamos a buscar o conhecimento verdadeiro apenas quando somos capazes de dizer: "Só sei que nada sei."

Dessa maneira, podemos dizer que o filosofar se inicia no momento em que tomamos distância com relação a nossas certezas cotidianas e não dispomos de nada para substituí-las ou para preencher a lacuna deixada por elas. Em outras palavras, a Filosofia se interessa por aquele instante em que o mundo das coisas (a Natureza) e o mundo dos humanos (a sociedade) tornam-se problemáticos, estranhos, incompreensíveis e enigmáticos e sobre os quais as opiniões disponíveis já não nos podem satisfazer. Ela se volta preferencialmente para os **momentos de crise** no pensamento, na linguagem e na ação, pois esses **momentos críticos** tornam manifesta a necessidade de fundamentação das ideias, dos discursos, dos valores, dos comportamentos e das ações.

4. Perguntas fundamentais da atitude e da reflexão filosófica

Pelo que dissemos, é possível perceber que a atitude filosófica é fundamentalmente indagação.

Quando analisamos qualquer assunto (uma coisa, uma ideia, um valor, um comportamento), fazemos quatro perguntas fundamentais:

1) indagamos *o que é?* Em outras palavras, qual é a realidade e qual é a significação de algo?

2) Indagamos *como é?* Ou seja, como é a estrutura ou o sistema de relações que constitui a realidade de algo?

3) indagamos *por que é?* Em outros termos, por que algo existe, qual sua origem ou sua causa?

4) indagamos *para que é?* Em outros termos, qual a finalidade de algo?

A atitude filosófica inicia-se dirigindo essas indagações ao mundo que nos rodeia e às relações que mantemos com ele. Todavia, essas questões pressupõem a figura daquele que interroga e por isso levam à necessidade de explicar a tendência do ser humano a interrogar o mundo e a si mesmo com o desejo de conhecê-lo e conhecer-se. A interrogação se volta, assim, para a exigência de conhecer nossa própria capacidade de conhecer. É preciso que o próprio pensamento indague: o que é pensar, como é pensar, por que há o pensar, para que pensar? Voltando-se para si mesmo, o pensamento se realiza como **reflexão**. É esse o sentido do célebre dito: "conhece-te a ti mesmo". Tornando-se objeto de conhecimento para si mesmo, o pensamento examina o que é pensado por ele, volta-se para si mesmo como fonte desse pensado e examina, compreende e avalia sua ação de pensar tendo como propósito determinar o que é a verdade e como alcançar um saber verdadeiro da realidade.

Não somos, porém, somente seres pensantes. Somos também seres com sentimentos, desejo e vontades, seres que agem no mundo, que se relacionam com os outros seres humanos, com os animais, as plantas, as coisas, que participam de fatos e acontecimentos, e exprimimos essas relações tanto por meio dos sentimentos, da linguagem e dos gestos como por meio de ações, comportamentos e condutas. A reflexão filosófica também se volta para compreender o que se passa em nós nessas relações que mantemos com a realidade circundante, para aquilo que dizemos e sentimos, para as ações que realizamos, indagando o que são, como são, por que são e para que são.

Assim, a reflexão filosófica significa um passo adiante da atitude filosófica. Na reflexão filosófica, três grandes indagações são fundamentais:

1) quais os motivos, as razões e as causas do que pensamos, dizemos e fazemos?

2) qual é o sentido do que pensamos, dizemos e fazemos?

3) qual é a intenção ou a finalidade do que pensamos, dizemos e fazemos?

Como se observa, os objetos da indagação filosófica são o **pensamento**, a **linguagem** e a **ação**, e as três indagações podem ser resumidas numa única questão: o que é pensar, falar e agir?

Se nos lembrarmos de que o ponto de partida da atitude filosófica é a crise de nossas crenças e opiniões cotidianas, essas três questões terão como pressuposto uma pergunta, qual seja: aquilo que pensamos, dizemos e fazemos em nossas crenças e opiniões cotidianas constitui ou não um pensamento verdadeiro, uma linguagem coerente e uma ação dotada de sentido? Qual a validade do senso comum?

Podemos agora reunir e diferenciar as questões postas pela atitude filosófica e aquelas postas pela reflexão filosófica.

A **atitude filosófica** indaga: o que é? como é? por que é? para que é?, dirigindo-se ao mundo que nos rodeia e aos seres humanos que nele vivem e que com ele se relacionam. São perguntas sobre a essência e significação das coisas e dos seres humanos (o que é?); sobre a estrutura do mundo e das relações entre os humanos (como é?); sobre a origem do mundo e das relações entre os humanos (por que é?); e sobre a finalidade (para que é?) de todas as coisas. É um saber sobre a **realidade exterior** ao pensamento.

Por sua vez, a **reflexão filosófica**, ou o "conhece-te a ti mesmo", dirige-se ao pensamento, à linguagem e à ação, ou seja, volta-se para os seres humanos. Suas questões se referem à capacidade e à finalidade de conhecer, falar e agir, próprias dos humanos. É um saber sobre os humanos como seres pensantes, falantes e agentes, ou seja, sobre a **realidade interior** aos seres humanos, bem como sobre as relações que estabelecem entre si.

A partir do que você leu até agora, analise o esquema ilustrativo abaixo:

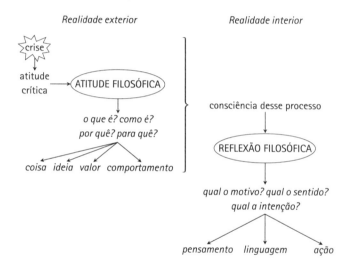

5. Definições de Filosofia

Quando começamos a estudar Filosofia, somos logo levados a buscar o que ela é, mas tomamos um susto ao descobrir que não há apenas uma definição de Filosofia. Há várias definições, e percebemos também que não é possível transformá-las numa só.

Quatro são as mais conhecidas definições gerais do que é a Filosofia:

(a) *visão de mundo* de um povo, de uma civilização ou de uma cultura. A Filosofia seria, de um modo vago e geral, o conjunto de ideias, valores e práticas pelos quais uma sociedade apreende e compreende o mundo e a si mesma, definindo para si o tempo e o espaço, o sagrado e o profano, o bom e o mau, o justo e o injusto, o belo e o feio, o verdadeiro e o falso, o possível e o impossível, o contingente e o necessário. Trata-se, porém, de uma definição tão genérica que não consegue acercar--se da especificidade do trabalho filosófico. Não há como aceitá-la como definição de Filosofia, mas apenas como contendo ou indicando alguns aspectos que poderão entrar na sua definição;

(b) *sabedoria de vida.* A Filosofia é identificada com a atividade de algumas pessoas que pensam sobre a moral, dedicando-se à contemplação do mundo e dos outros seres humanos para aprender e ensinar a controlar seus desejos, sentimentos e impulsos e a dirigir suas vidas de modo ético e sábio. A Filosofia seria uma escola de vida ou uma arte do bem viver ou de uma vida justa, sábia e feliz, ensinando--nos o domínio sobre nós mesmos, sobre nossos impulsos, desejos e paixões. Essa definição nos diz, de modo vago, o que se espera da Filosofia (a sabedoria interior), mas não o que ela é. Por isso, também não podemos aceitá-la, embora possamos reconhecer que nela está presente apenas um dos aspectos do trabalho filosófico;

(c) *compreensão do Universo como uma totalidade ordenada e dotada de sentido.* Aqui, atribui-se à Filosofia a tarefa de conhecer a realidade inteira, provando que o Universo é uma totalidade, isto é, algo estruturado ou ordenado por relações de causa e efeito, e que essa totalidade é racional, ou seja, possui sentido e finalidade compreensíveis pelo pensamento humano. Os que adotam essa definição precisam distinguir entre Filosofia e religião, e entre Filosofia e ciência. No caso da diferença com a religião, é preciso dizer que a Filosofia busca compreender o Universo por meio do esforço racional, enquanto a religião o faz por meio da confiança (fé) numa revelação divina. Pela fé, a religião aceita princípios indemonstráveis e mesmo dados experienciais particulares, enquanto a Filosofia não admite indemonstrabilidade, mas busca universalidade. Assim, o pensamento filosófico procura explicar e compreender mesmo o que parece ser irracional e inquestionável. Entretanto, essa definição segundo a qual a Filosofia procura compreender racionalmente o Universo também é problemática, porque dá à Filosofia a tarefa de oferecer uma explicação e uma compreensão totais sobre o Universo, elaborando um sistema universal ou um sistema do mundo. Mas sabemos, hoje, que essa tarefa é impossível, embora em seus começos a Filosofia julgasse isso viável, pois ela era o conjunto de todos os saberes e não havia distinção entre ela e as ciências. Em nossos dias, há pelo menos duas limitações principais a essa pretensão totalizadora: em primeiro lugar, a Filosofia e as ciências foram separando-se no decorrer da história, de maneira que o saber científico se dividiu em vários saberes particulares, cada qual com seu campo próprio de investigação e de explicação, dedicando-se a um aspecto determinado da realidade. Assim, não seria admissível haver uma única disciplina teórica que pudesse abranger sozinha a totalidade dos conhecimentos ou o conhecimento total do Universo. Em segundo lugar, porque a própria Filosofia já não admite que seja possível um único sistema de pensamento que ofereça uma só explicação para o todo da realidade, pois esta permanece aberta e convida a múltiplas perspectivas de conhecimentos e interpretações. Assim, essa definição também não pode ser aceita, embora contenha aspectos importantes da atividade filosófica;

(d) *fundamentação teórica e crítica dos conhecimentos e das práticas.* A palavra *fundamento* vem do latim e significa uma base sólida ou o alicerce sobre o qual se pode construir com segurança. Do ponto de vista do conhecimento, significa a base ou o princípio racional que sustenta uma demonstração verdadeira. Sob essa perspectiva, *fundamentar* significa: encontrar, definir e estabelecer racionalmente os princípios, as causas e condições que determinam a existência, a forma e os comportamentos de alguma coisa, bem como as leis ou regras de suas mudanças. A palavra *teoria* vem do grego, significando contemplar uma verdade com os olhos do espírito, isto é, uma atividade puramente intelectual de conhecimento. Dessa maneira, *fundamentação teórica* significa determinar pelo pensamento, de maneira lógica, metódica, organizada e sistemática o conjunto de princípios, causas e condições de alguma coisa (de sua existência, de seu comportamento, de seu sentido e de suas mudanças). Como vimos há pouco, *crítica* também é uma palavra grega, significando a capacidade para julgar, discernir e decidir corretamente; o exame racional de todas as coisas sem preconceito e sem prejulgamento e a atividade de examinar e avaliar detalhadamente uma ideia, um valor, um costume, um comportamento, uma obra artística ou científica. Dessa maneira, *fundamentação crítica* significa examinar, avaliar e julgar racionalmente os princípios, as causas e condições de alguma coisa (de sua existência, de seu comportamento, de seu sentido e de suas mudanças). Como fundamentação teórica e crítica, a Filosofia ocupa-se com os princípios, as causas e condições do conhecimento que pretenda ser racional e verdadeiro; com a origem, a forma e o conteúdo dos valores éticos, políticos, religiosos, artísticos e culturais; com a compreensão das causas e das formas da ilusão e do preconceito no plano individual e coletivo; com os princípios, causas e condições das transformações históricas dos conceitos, das ideias, dos valores e das práticas humanas.

6. A Filosofia é um trabalho intelectual sistemático

As indagações fundamentais da atitude filosófica e da reflexão filosófica não se realizam ao acaso, segundo preferências e opiniões de cada um de nós. A Filosofia não é um "eu acho que" ou um "eu gosto de". Não é pesquisa de opinião à maneira dos meios de comunicação de massa. Não é pesquisa de mercado para conhecer preferências dos consumidores, a fim de montar uma propaganda.

As indagações filosóficas se realizam de modo sistemático.

Sistema é uma palavra que vem do grego e significa um todo cujas partes estão ligadas por relações de concordância interna. No caso do pensamento, significa um conjunto de ideias internamente articuladas e relacionadas, graças a princípios comuns ou a certas regras e normas de argumentação e demonstração que as ordenam e as relacionam num todo coerente.

Dizer que as indagações filosóficas são sistemáticas significa dizer que a Filosofia trabalha com enunciados precisos e rigorosos, busca encadeamentos lógicos entre os enunciados, opera com conceitos ou ideias obtidos por procedimentos de demonstração e prova, exige a fundamentação racional do que é enunciado e pensado. Somente assim pode fazer que nossa experiência cotidiana, nossas crenças e opiniões alcancem uma visão crítica de si mesmas.

O conhecimento filosófico é um *trabalho intelectual*: é um **trabalho** porque, como todo trabalho, produz alguma coisa; e é **intelectual**, porque é realizado pelo intelecto ou pela razão, e produz ideias. Esse trabalho intelectual é sistemático e contínuo porque não se contenta em obter respostas para as questões feitas, mas, além de exigir que as próprias questões sejam válidas, exige também que as respostas sejam verdadeiras, estejam relacionadas entre si, esclareçam umas às outras, formem conjuntos coerentes de ideias e significações, sejam provadas e demonstradas racionalmente.

Quando alguém diz "esta é minha filosofia" ou "isso é a filosofia de fulana ou de fulano" ou "esta é a filosofia da empresa", engana-se e não se engana.

Engana-se porque imagina que para "ter uma filosofia" basta alguém possuir um conjunto de ideias mais ou menos coerentes sobre todas as coisas e pessoas, bem como ter um conjunto de princípios mais ou menos coerentes para julgar as coisas e as pessoas. Mas não se engana completamente, porque percebe, mesmo confusamente, que há uma característica nas ideias e nos princípios que o leva a dizer que são "uma filosofia": a ligação entre certas ideias e certos comportamentos, as relações entre essas ideias e esses comportamentos como se houvesse alguns princípios que os unissem ou relacionassem. Ou seja, pressente-se que a Filosofia opera sistematicamente, com coerência e lógica, que tem uma vocação para compreender como se relacionam, se conectam e se encadeiam num todo racionalmente compreensível as coisas e os fatos que aparecem de modo fragmentado e desconexo em nossa experiência cotidiana.

Analise o esquema ilustrativo abaixo:

Definições livres de Filosofia	Definição mais adequada de Filosofia
→ visão de mundo → sabedoria de vida → compreensão totalizante do Universo	fundamentação teórica e crítica dos conhecimentos e práticas trabalho – intelectual – sistemático

7. Análise, reflexão e crítica

Adotando a definição da Filosofia como fundamentação teórica e crítica dos conhecimentos e das práticas, vemos que ela se volta para o estudo das várias formas de conhecimento (percepção, imaginação, memória, linguagem, inteligência, experiência, reflexão, intuição) e dos vários procedimentos do conhecer (demonstração, indução, dedução, análise, síntese), bem como para o estudo dos vários tipos de atividades interiores e comportamentos externos dos seres humanos como expressões internas e externas da vontade, do desejo, dos sentimentos e das paixões, procurando descrever as formas e os conteúdos dos modos de conhecimento e dos tipos de atividade e comportamento como relação do ser humano com o mundo, com si mesmo e com os outros.

Para realizar seu trabalho, a Filosofia investiga o que são o verdadeiro e o falso, o belo e o feio, o justo e o injusto; interpreta o significado de ideias gerais como: realidade, mundo, natureza, cultura, história, humanidade; indaga o que são o tempo, o espaço, a qualidade, a quantidade; busca compreender princípios como os de identidade e contradição, de causalidade e de finalidade; interroga as ideias de diferença, semelhança, repetição, mudança, conflito, oposição, concordância, bem como as ideias de necessidade, possibilidade, probabilidade e contingência; examina a origem, forma e sentido das ideias de subjetividade e objetividade.

A atividade filosófica é, portanto, uma *análise* das condições e princípios do saber e da ação, isto é, dos conhecimentos, da ciência, da religião, da arte, da moral, da política e da história; uma *reflexão* ou volta do pensamento sobre si mesmo para conhecer-se como capacidade para o conhecimento, a linguagem, o sentimento e a ação; e uma *crítica*, isto é, avaliação racional para discernir entre a verdade e a ilusão, a liberdade e a servidão, investigando as causas e condições das ilusões e dos preconceitos individuais e coletivos, das ilusões e enganos das teorias e práticas científicas, políticas e artísticas, dos preconceitos religiosos e sociais, da presença e difusão de formas de irracionalidade contrárias ao exercício do pensamento, da linguagem e da liberdade.

Essas três atividades (análise, reflexão e crítica) estão orientadas pela elaboração de ideias sistemáticas e demonstradas sobre a realidade e os seres humanos. Portanto, para que essas três atividades se realizem, é preciso que a Filosofia se defina como busca do fundamento (princípios, causas e condições) e do sentido (significação e finalidade) da realidade em suas múltiplas formas, indagando o que essas formas de realidade são, como são e por que são, e procurando as causas que as fazem existir, permanecer, mudar e desaparecer.

A Filosofia não é ciência: é uma investigação sobre os fundamentos da ciência, isto é, sobre procedimentos e conceitos científicos. Não é religião: é uma investigação sobre os fundamentos da religião, isto é, sobre as causas, origens e formas das crenças religiosas. Não é arte: é uma investigação sobre os fundamentos da arte, isto é, sobre os conteúdos, as formas, as significações das obras de arte e do trabalho artístico. Não é sociologia nem psicologia, mas interpretação e avaliação crítica dos conceitos e métodos da sociologia e da psicologia. Não é política, mas interpretação, compreensão e reflexão sobre a origem, a natureza e as formas do poder e suas mudanças. Não é história, mas investigação sobre o sentido dos acontecimentos inseridos no tempo e compreensão do que seja o próprio tempo.

8. O filósofo é o amigo da sabedoria

A palavra *filosofia* é grega. É composta de duas outras: *philo* e *sophía*. *Philo* quer dizer aquele ou aquela que tem um sentimento amigável, pois deriva-se de *philía*, que significa amizade e amor fraterno. *Sophía* quer dizer sabedoria, e dela vem a palavra *sophós*, sábio.

Philosophia significa, portanto, amizade pela sabedoria ou amor e respeito pelo saber. *Philosophos* é aquele que ama ser sábio, é amigo ou tem amizade pelo saber; deseja ser sábio. Do ponto de vista etimológico, portanto, a Filosofia é a disposição interior de quem ama o saber, ou o estado de espírito de quem deseja o conhecimento, procura-o e respeita-o.

Atribui-se ao filósofo grego Pitágoras de Samos (que viveu no século V a.C.) a invenção da palavra *filosofia*. Pitágoras teria afirmado que a sabedoria plena e completa pertence aos deuses, mas que os homens podem desejá-la ou amá-la, tornando-se filósofos.

Ele observava que três tipos de pessoas compareciam aos Jogos Olímpicos (a festa pública mais importante da Grécia, na qual havia não só competições esportivas, mas também concursos de poesia, dança, música e teatro): as que iam para comerciar durante os jogos, ali estando apenas para satisfazer sua própria cobiça, sem se interessar pelas disputas e pelos torneios; as que iam para competir e fazer brilhar suas próprias pessoas, isto é, os atletas e artistas; e as que iam para assistir aos jogos e torneios, para avaliar o desempenho e julgar o valor dos que ali se apresentavam. Esse terceiro tipo de pessoa, dizia Pitágoras, é como o filósofo.

Com isso, Pitágoras queria dizer que o filósofo não é movido por interesses comerciais ou financeiros – não coloca o saber como propriedade sua, como uma coisa para ser comprada e vendida no mercado; também não é movido pelo desejo de competir – não é um "atleta intelectual", não faz das ideias e dos conhecimentos uma habilidade para vencer competidores; e sim é movido pelo desejo de observar, contemplar, julgar e avaliar as coisas, as ações, as pessoas, os acontecimentos, a vida. Em resumo, ele é movido pelo desejo de saber. A verdade não pertence a ninguém (para ser comerciada) nem é um prêmio conquistado por competição. Ela está diante de todos nós como algo a ser procurado e é encontrada por todos aqueles que a desejarem, que tiverem olhos para vê-la e coragem para buscá-la.

A Filosofia nasceu quando alguns gregos, admirados e espantados com a realidade, insatisfeitos com as explicações que a tradição (os mitos religiosos) lhes dera, começaram a fazer perguntas e buscar respostas, demonstrando que o mundo e os seres humanos, os acontecimentos naturais e as coisas da Natureza, os acontecimentos humanos e as ações dos seres humanos podem ser conhecidos pela razão humana, e que a própria razão é capaz de conhecer-se a si mesma.

Em suma, a Filosofia surgiu quando alguns pensadores gregos se deram conta de que a verdade do mundo e dos humanos não era algo secreto e misterioso que precisasse ser revelado por divindades a alguns escolhidos, mas, ao contrário, podia ser conhecida por todos, por meio das operações mentais de raciocínio, que são as mesmas em todos seres humanos. O nascimento da Filosofia se deu, portanto, quando aqueles pensadores compreenderam que o conhecimento depende apenas do uso correto da razão ou do exercício correto do pensamento, permitindo que a verdade possa ser conhecida por todos. Esses pensadores descobriram também que a linguagem respeita as exigências do pensamento e que, por esse mesmo motivo, os conhecimentos verdadeiros podem ser publicamente transmitidos e ensinados a todos.

9. A utilidade da Filosofia

Podemos, agora, retomar a pergunta "Filosofia para quê?".

O primeiro ensinamento filosófico é perguntar: o que significa ser útil? Para que e para quem algo é útil? O que é o inútil? Por que e para quem algo é inútil?

O senso comum de nossa sociedade considera útil o que dá prestígio, poder, fama e riqueza. Mas a Filosofia desconfia do senso comum e não há de aceitar essa noção do útil. Como ela pensaria sua utilidade?

Se

• reconhecer a própria ignorância e abandonar a ingenuidade e os preconceitos do senso comum for útil;

• adotar a atitude crítica e reflexiva que investiga a origem e o sentido da realidade e das práticas humanas for útil;

• buscar o conhecimento de si for útil;

- graças ao exercício da razão, não se deixar guiar pela submissão às ideias dominantes e aos poderes estabelecidos for útil;
- buscar compreender a significação do mundo, da cultura, da história for útil;
- conhecer o sentido das criações humanas nas artes, nas ciências e na política for útil;
- dar a cada um de nós e à nossa sociedade os meios para serem conscientes de si e de suas ações, numa prática que deseja a liberdade e a felicidade para todos for útil;

então

a Filosofia é o mais útil de todos os saberes de que os seres humanos são capazes.

Que a Filosofia seja, pois, bem-vinda!

E boas-vindas a você, também, ao mundo da Filosofia!

OUVINDO OS TEXTOS

Convidamos você, neste momento, a ler um texto de Aristóteles (filósofo grego que viveu entre 385 e 322 a.C.) e um de Maurice Merleau-Ponty (filósofo francês que viveu de 1908 a 1961).

Antes de tudo, procure penetrar no sentido de cada texto. Em seguida, relacione com a reflexão que você acaba de ler.

Bom trabalho!

Aristóteles (385-322 a.C.), *Metafísica*, livro Alfa, capítulo 1

Todos os seres humanos, por natureza, desejam conhecer. Sinal disso é o prazer que nos proporcionam os cinco sentidos. [...] Os animais são naturalmente dotados da faculdade de sentir, e em alguns deles a sensação gera a memória, ao passo que em outros isso não acontece. [...] Nos seres humanos, a memória gera a experiência, pois as diversas recordações da mesma coisa acabam por produzir a capacidade de uma só experiência. [...] Falando especificamente sobre a ação humana, vemos que a experiência não parece ser em nada inferior à técnica. Aliás, os seres humanos experientes têm mesmo mais êxito do que aqueles que possuem a teoria sem experiência, pois a experiência é conhecimento de casos particulares, enquanto a técnica é conhecimento do que é universal. Ora, todas as ações e produções visam sempre casos particulares, pois o médico, por exemplo, não cura o ser humano em geral, mas cura Cálias, Sócrates etc. [...] Apesar disso, pensamos que o conhecimento e a compreensão pertencem mais à técnica do que à experiência, e consideramos os homens que conhecem por teoria mais sábios do que aqueles que conhecem apenas por experiência, de onde se conclui que, para todos os seres humanos, a sabedoria depende do conhecimento. E isso porque os homens que conhecem por teoria conhecem as causas; os outros, não. Com efeito, os homens que conhecem apenas por experiência sabem que a coisa é assim, mas ignoram o porquê, enquanto os homens que conhecem por teoria conhecem o porquê e a causa. [...] Não identificamos nenhum dos cinco sentidos com a sabedoria, se bem que eles proporcionam o conhecimento mais fidedigno de casos particulares. Contudo, eles não nos dizem o porquê de alguma coisa (por exemplo, por que o fogo é quente; só nos dizem que o fogo é quente). Assim, é natural que o primeiro inventor de uma técnica que ia além das sensações comuns da humanidade tenha se tornado alvo da admiração dos seus semelhantes, não só pela utilidade que tinham as invenções, mas por ser considerado sábio e superior aos demais. À medida, porém, que foram sendo inventadas novas técnicas, algumas das quais tinham em mira as necessidades da vida e outras eram cultivadas sem a preocupação com uma utilidade imediata, era natural que os inventores das segundas sempre fossem considerados mais sábios que os das primeiras, porque os seus ramos de conhecimento não visavam à utilidade. Daí resulta que, uma vez estabelecidas todas essas invenções, foram descobertas as ciências que não têm por objetivo nem o prazer nem a utilidade; e isso aconteceu primeiro naqueles lugares em que os seres humanos começaram a desfrutar do ócio. Eis aí por que as matemáticas foram criadas no Egito, onde o ócio era permitido à casta sacerdotal. [...] Nosso objetivo é mostrar

que todos os humanos entendem por sabedoria a ciência das primeiras causas e dos princípios das coisas.

> ARISTÓTELES. *Metafísica*. Trad. Leonel Vallandro
> (com ligeiras modificações de Juvenal Savian
> Filho). Porto Alegre: Globo, pp. 36-9.

Maurice Merleau-Ponty (1908-1961), *Elogio da Filosofia*, Conclusão

O coxear do filósofo é a sua virtude. A verdadeira ironia
não é um álibi; é uma obrigação, sendo o desinteresse do
filósofo que lhe confere um certo tipo de ação entre os
homens. Como vivemos numa daquelas situações a que
Hegel chamava "diplomáticas" (na qual cada iniciativa
corre o risco de ver desvirtuado o seu sentido), julgamos,
algumas vezes, servir à Filosofia proibindo-a de se interessar pelos problemas do seu tempo. Foi por isso que,
recentemente, se elogiou Descartes por não ter tomado
partido entre Galileu e o Santo Ofício. O filósofo, como
se dizia, não deve ter preferência por dogmatismos rivais;
ele se ocupa com o ser absoluto, para além do objeto do
físico e da imaginação do teólogo. Mas dizer isso é es-
quecer que, recusando-se a falar, Descartes se recusa tam-

bém a dar valor e existência a essa ordem filosófica em que o situam. Calando-se, não transcende os erros, mas deixa-os em luta, encoraja-os, especialmente o vencedor momentâneo. Não é a mesma coisa ficar calado e dizer por que não se quer escolher. Se o tivesse feito, Descartes não poderia ter deixado de afirmar o direito relativo de Galileu contra o Santo Ofício [...]. A Filosofia e o ser absoluto não estão acima dos erros rivais que no mundo se digladiam: nenhum deles nunca tem a mesma forma de ser, cabendo à Filosofia, que é a verdade integral, dizer o que neles há de verdade. [...] A dialética ou a ambiguidade do filósofo é apenas uma maneira de dizer aquilo que cada homem muito bem sabe: o valor dos momentos em que, efetivamente, a vida se renova, continuando; reencontra-se e compreende-se, ultrapassando-se; em que o seu mundo privado se torna mundo comum. Esses mistérios existem no filósofo, como em cada um de nós. [...] O filósofo é o homem que desperta e fala; e o homem contém em silêncio os paradoxos da Filosofia, porque, para ser plenamente homem, é preciso ser um pouco mais e um pouco menos do que homem.

MERLEAU-PONTY, M. *Elogio da Filosofia*. Trad. port. António Braz Teixeira (com ligeiras modificações de Juvenal Savian Filho). 3ª ed. Porto: Guimarães, pp. 78-81.

EXERCITANDO A REFLEXÃO

Agora que você já refletiu com as *Boas-vindas à Filosofia* e com os textos de Aristóteles e de Merleau-Ponty, propomos que continue a exercitar sua reflexão, a partir das atividades indicadas abaixo:

1. Com base no texto de Aristóteles, responda às seguintes perguntas:

(a) O que prova que os seres humanos têm um desejo natural de conhecimento?

(b) A experiência é produzida pelos sentidos ou pela memória? Explique sua resposta citando Aristóteles.

(c) Quando Aristóteles fala de pessoas mais sábias do que outras, ele se refere a pessoas "mais importantes" ou a pessoas que, objetivamente, "têm mais conhecimento"? Justifique sua afirmação citando Aristóteles.

(d) Ser sábio ou possuir a sabedoria, de acordo com o texto, significa possuir qualquer conhecimento? Justifique citando Aristóteles.

(e) Pode-se dizer que, de acordo com o texto, o conhecimento do sábio ou a sabedoria não teriam utilidade? Explique citando Aristóteles.

2. Comparando o texto de Aristóteles com o de Merleau-Ponty, responda às seguintes perguntas:

(a) Seria possível comparar o desinteresse do filósofo, do qual fala Merleau-Ponty, com a "inutilidade" do sábio, da qual fala Aristóteles? Explique.

(b) Se você nunca ouviu falar sobre o conflito entre Galileu e o Santo Ofício, nem sobre o posicionamento de Descartes, faça uma pesquisa sobre o assunto. Pode ser pela internet! Em seguida, reflita: por que Merleau-Ponty deu esse exemplo em seu texto? A omissão de Descartes seria uma atitude filosófica, tal como falamos no texto das *Boas-vindas à Filosofia*?

DICAS DE VIAGEM

1. Propomos uma atividade muito prazerosa para você continuar a refletir sobre a atitude filosófica e o trabalho da reflexão: leia a seguir o resumo do Mito da Caverna, escrito por Platão e que adaptamos aqui. Em seguida, assista ao primeiro filme da trilogia *Matrix*. Depois, correlacione as duas histórias, pensando sobretudo nas seguintes perguntas: sabemos distinguir a realidade das coisas e as meras aparências? Como poderíamos ir além das aparências e chegar à verdade das coisas e pessoas?

> Havia alguns homens presos no interior de uma caverna. Eles estavam acorrentados, virados para o fundo da caverna. Sempre viveram assim. Por isso, nem imaginavam que pudesse haver alguma coisa atrás deles. Eles ficavam sempre olhando para a parede do fundo da caverna e viam as sombras que eram projetadas na

parede. Pensavam que era só isso que existia. Essas sombras eram sombras de objetos externos à caverna. Havia uma fogueira, no monte que ficava em frente à caverna, e a luz dessa fogueira projetava a imagem de objetos no fundo da caverna. Mas os prisioneiros não desconfiavam de nada! Para eles, tudo o que existia eram as sombras. Aliás, eles não sabiam que eram sombras. Para eles, aquilo era a verdade. Imaginemos o que aconteceria se alguém entrasse na caverna e dissesse que eles estavam enganados... Eles iam achar que esse alguém estava louco! Eles iam dizer: "Mas como você não vê a verdade?" E essa pessoa teria de convencê-los de que aquilo eram sombras; aparências. E de que a verdade estava fora da caverna. Se conseguisse forçar um dos prisioneiros a sair, esse prisioneiro teria muita dificuldade para ver a realidade, pois seus olhos iam doer; afinal, estavam acostumados com a escuridão da caverna. Aos poucos, acostumando-se com a luz, ele ia reconhecer sombras também no mundo exterior, para, somente depois, entender que as sombras vinham de objetos. E que as sombras projetadas na caverna eram sombras de objetos iluminados pela luz do fogo. Só no final desse doloroso processo ele entenderia a existência do fogo, da luz, do sol, das sombras. Por fim, se ele quisesse voltar à caverna para libertar seus companheiros, eles também o chamariam de louco, mas ele se sentiria motivado a isso, pois ele viu a verdade e não pode guardá-la somente para si. Esse homem liberto, no dizer de Platão, é a imagem do filósofo! Ele é quem contempla a verdade e a anuncia aos seus concidadãos.

Agora assista ao primeiro filme *Matrix* e reflita sobre a realidade e as aparências das coisas! Boa reflexão!

2. Você já tinha ouvido falar sobre o "ócio"? Sabia que essa palavra, no mundo antigo, não tinha a conotação pejorativa que tem hoje? Faça uma pesquisa sobre o tema e procure entender por que Aristóteles diz que foram os sacerdotes egípcios que criaram as ciências matemáticas. Em seguida, reflita sobre nossa vida de hoje... O que nos faz considerar algo útil? O uso? O lucro? O aumento de nosso conhecimento? A melhoria de nossas relações interpessoais? O aumento de nossa riqueza? Converse sobre o tema com algum amigo.

3. Encontre na internet as imagens das pinturas que indicaremos a seguir. Você pode usar um motor de busca como Google, Yahoo ou similar, ou ir direto para *sites* enciclopédicos como a Wikipédia, por exemplo. Procure, então:

(a) *Natureza morta*, de Panfilio Nuvolone (http://pt.wikipedia.org/wiki/Ficheiro:Panfilo nuvolone_-_naturezamorta01.jpg);

(b) *Natureza morta com maçãs*, de Paul Cézanne (http://pt.wikipedia.org/wiki/Ficheiro:Paul_C% C3%A9zanne,_Still_Life_With_Apples,_c._1890. jpg);

(c) *Doze girassóis numa jarra*, de Vincent van Gogh (http://pt.wikipedia.org/wiki/Ficheiro:Vincent _Willem_van_Gogh_128.jpg).

Observe bem as pinturas e reflita: você acha que esses pintores se relacionam da mesma maneira com a realidade? Você acha que essas obras são fiéis à realidade? Deixe sua imaginação e sua reflexão livres, e fique atento ao que consideramos realidade e aparência!